시선의시선 01

비 그친 어느 날

김진아

비 그친 어느 날 (흑백 에디션)

초판 1쇄　2025년 06월 06일

지 은 이	김진아
펴 낸 이	정윤미
펴 낸 곳	문화출판 더하다
책임편집	이강민
교정교열	이강민
디 자 인	Vintage64
낭　　독	정하람

출판등록	2024년 6월 27일, 제327-2024-000006호
주　　소	(48814)부산광역시 동구 초량로25번길 6, 101호
문　　의	010-6627-3572(문자 우선)
전자우편	thehada24@naver.com

ISBN 979-11-988982-3-4 (03810)

이 책의 판권은 저작권자와 문화출판 더하다에 있습니다.
이 책의 내용의 전부 또는 일부를 재사용하려면 양측의 서면 동의를 받아야 합니다.

시선의 시선 01

비 그친 어느 날

菁林 김진아

QR코드를 스캔하면
낭독본을 들을 수 있습니다.

작가의 말

결혼 후 10년이 지난 어느 날. 친구의 권유로 문학의 길에 들어섰지만, 돌이켜보면 아이들을 키우는 와중에 시를 배우러 다닐 시간이 과연 있었을까 하는 고민도 참 많았습니다.

그럼에도 불구하고 용기 내어 도전했던 덕분에 지금의 내가 있습니다. '꾸준히 봉사하겠다'는 마음으로 시를 쓰고 모임 일을 맡다 보니, 어느덧 '편집장'이라는 직함도 얻게 되었습니다. 그 시간을 되돌아보면, 내 욕심을 채우느라 아이들, 특히 첫째에게 충분한 관심을 주지 못한 것 같아 미안한 마음이 듭니다. 이제 세 번째 시집을 준비하며 다시 처음의 마음가짐으로 돌아가는 기분입니다.

내가 쓰는 시는 주로 시 모임에서 정해주는 주제에 따라 쓰여지는 경우가 많아, 때로는 다소 무겁게 느껴질 수도 있습니다. 하지만 독자 여러분께서는 부담 갖지 마시고 편안한 마음으로 읽어 주셨으면 합니다. 그 주제들 역시 언젠가는 한 번쯤 짚고 넘어가야 할 이야기들이고, 우리 삶 속 기념일이나 뉴스를 통해 자주 접하는 소재들이기도 합니다. 윤리와 도덕적 가치가 살아 숨 쉬는 우리 사회의 특성상, 이러한 시들이 일상에 작게나마 의미 있는 울림을 줄 수 있기를 바라는 마음입니다.

제가 특히 아끼는 작품은 따뜻함을 전해주는 시들입니다. '동지팥죽', '주전자', '산복도로 아이들'처럼 말하지 않아도 마음을 나눌 수 있는 시편들은 언제나 제 마음속에 남아 있습니다.

이번 세 번째 시집은 제 문학 활동이 한 걸음 더 나아가기 위한 디딤돌이라고 생각합니다. 부족한 저에게 아낌없는 응원과 도움을 주신 모든 분들께 깊은 감사의 인사를 드립니다.

25년의
어느 날

菁林 김진아

차례

작가의 말

1부 봄

봄의 왈츠	— 14
봄을 기다리며	— 16
가랑비	— 18
봄의 일주일	— 19
유채꽃 당신	— 20
비눗방울	— 21
혜민서의 봄	— 24
산복도로 아이들	— 25
젖은 벚꽃	— 26
고행	— 28
복지관 하나	— 29
목련은 피고	— 30
미케 비치	— 32

2부 여름

한여름 밤의 꿈	─	36
수국이 피면	─	38
작은 도서관	─	40
베란다에서	─	41
생선상자	─	42
거미	─	44
아스팔트	─	48
카네이션	─	49
제빙기	─	50
어머니의 옥수수	─	51
숨바꼭질	─	52
촛불이 되어	─	54

3부 가을

코스모스	—	58
10월의 향기	—	60
고구마 밭에서	—	62
노고단의 가을	—	63
돼지고기 구이	—	64
청춘횟집에서	—	65
가을 산행	—	66
단풍 물들어 가는	—	70
홍시	—	71
대목	—	72
보름달	—	73
뜨거운 추석	—	74
억새풀밭	—	76
환경미화원	—	78

4부 겨울

동지팥죽	—	82
눈사람	—	84
여명의 눈동자	—	86
나는 눈꽃처럼 살겠다	—	87
시래기 된장국	—	88
김국	—	89
외할머니의 솜마고자	—	90
해돋이	—	91
겨울에 만난 할머니	—	94
산불조심	—	96
빨랫비누	—	97
달집놀이	—	98
어느 2월의 울림	—	100
꽃다발	—	101

5부 인생

육개장 사발면	— 104
식은 커피	— 105
느린 우체통	— 106
주전자	— 108
머리카락	— 110
버스킹(busking)	— 111
짝 맞추기	— 112
고양이 세 마리	— 113
어머니의 라면	— 114
숫돌	— 116
지팡이	— 117
안개꽃에 대하여	— 118
파도 소리	— 120

6부 희생

분홍 자리 — 124
손수건 한 장 — 125
괭이갈매기의 꿈 — 126
독도는 무인도가 아니다 — 127
자산도의 아침 — 128
독도의 가족 — 129
흔적 — 130
촛불처럼 — 131
화엄동굴 — 134
부산 충혼탑에 대하여 — 136
동행 — 138

덧붙임
시인 김진아

그리움은 따뜻한 햇살로
인생의 잔재殘在를 데워주고 있었다

1부

봄

봄의 왈츠

살얼음 부서지듯
여러 번 빠르게 지나가는 발걸음
원 투 쓰리 리듬 맞춰
크게 원을 한 번 그렸다 돌아오면
콸콸콸 시냇물 경쾌하게 흐른다

여자 발레리나
두 팔 위로 곧게 폈다 두 손 모아
가슴 팍 사정없이 끌어모아 오면
흰 꽃 몽우리 곱게 피어나고
이내 두 손 맞잡고
봄바람 서로의 몸 감싸 준다

어느새 머리 위 두 손 모아 몰려드는 단원들
각자 제자리 다시 찾는다

빙그르르 땅바닥 한가운데 주저앉아 버리고
엎드린 채 아무 미동도 없는 여자
남자 주인공 뛰어와 몸 감싸주면
서서히 일어난다

같이 즐겁게 음악에 맞춰 춤추면
봄은 시작의 조화를 싹 틔운다

봄을 기다리며

산수유 개나리 함께 피어나고
벚꽃나무 자리를 잡았다

그대 성큼 내게로 다가와서
발등 간지럽히고 가면
어느새 두 뺨 흐르는 눈물
등 뒤 꼭 끌어안고 싶어도
한 줌의 먼지 되어 사라진다

보고 싶은 그대
중절모자와 낡은 안경집
빗자루에 묻어나는 머리카락
그 어디에서도 찾아볼 수 없는
허전함 뒤로한 채
다시 한번 울어보지만

그리움은 따뜻한 햇살로
인생의 잔재殘在를 데워주고 있었다

가랑비

첫 생신날
온 가족 한데 모여 앉은 자리
진수성찬이다

안방 한 곳 마련해 놓은 생신 상
인사드리는 작은아버지의 발걸음 뒤로
눈물을 훔치신다

자동차 차창 넘어 스며드는 빗줄기
한 손 쥐어지는 우산 사이로
차려지는 상차림
가랑비 옷 젖는 줄 모르고
아버지의 이름으로 배례 드린다

가족의 떠나는 길
나의 작은 어깨너머로 바라보이는 묘墓
쉽게 발걸음 돌리지 못한 채
가슴만 뭉클 해진다

며칠 뒤 내리는 장맛비 그칠 줄 모르고
그리운 마음 더욱 촉촉하게 적셔준다

봄의 일주일

겨울 내내 모진 바람 이겨내고
싹을 틔우면
나른한 몸 봄바람에 맡기며
카페라테 한 잔의 여유 찾아본다면

창문 틈새 스며드는 따뜻한 햇살
방바닥 드리우고
어느 집 울타리 너머에는
아직도 꽃망울 맺혀있다

나뭇잎 뭉치 곳곳
노랗게 피어나는 산수유와 복수초
서로를 응시하며 사랑을 속삭인다

한나절
나의 공허한 마음
청소만 하고 있는 손놀림
봄은 그런 나를 보듬어 주고 있다

유채꽃 당신

강변길 따라 흐드러지게 핀 유채꽃
나는 해마다 한결같이 찾아와
당신의 안부를 묻습니다

백미러 사이로 비치는 노란 흔들림
그리움 한 아름 안고
더욱 힘주어 밟는 자전거 페달

살아생전 내 눈앞
절대 이혼은 안 된다고 하는
어머니의 마지막 자존심
유채꽃 화분 키우는 낙으로 사셨다고

한恨 서린 기다림
한 번씩 아들 꿈속 나타나
환하게 웃음 짓는 모습

늘 그 자리에서 피어나는
유채꽃 당신

비눗방울

매화 피어나는 가지 끝
산줄기 타고 폭포 세차게 내려오면
한 모퉁이 얕은 연못이다

바지 걷어 올리고 작은 발 담그면
서로 견주어 비눗방울 불어댄다

시간 가는 줄 모르고
떠다니는 방울 쫓아가면
어느새 두 줄기 솟구쳐 흐르는 분수
자신의 몸 맡긴다

노랑나비 한 마리
물줄기 위 맴돌면
이곳 향해 비눗방울 날린다

더욱 높이 날아오르는 날갯짓
화단의 꽃잎 울긋불긋 예쁘게 빛을 바라고
아무 일도 없었다는 듯 시치미 뚝 떼고
따뜻한 점심 한 끼
허기진 배를 채우는 아이들이다

혜민서의 봄

대문 앞 의원
서로 자기가 먼저 약 받으려는
사람들의 행렬 사이로 들리는 음성

"순번을 지키시오!"

흰 마름모꼴 창호지 쓰이는 네 글자
왼쪽 國泰 오른쪽 民安
드디어 문이 활짝 열리면
너도 나도 할 것 없이
들어가겠지만 지금은 다르다

역병의 진원지는 알 수 없고
들것으로 실려 온 환자
거품 물고 누워 서까래만 보인다는 사내
도저히 나을 기미가 보이지 않고

어린 자식 손잡고 따라온 마누라
서방 목숨만 부지해 달라고 애원하는 것에서
봄바람은 때 묻은 치맛자락에 살포시 안긴다고

*국태민안(國泰民安) : 나라가 태평하고 백성이 살기 편안함.

산복도로 아이들

유일하게 다니는 버스 한 대
아주 천천히 달린다

동화책 한 권 다 이야기해 주면
뒤꽁무니 쫓아와 안긴다

버스 정류장 가는 길
한가득 사탕수수 실은 트럭 지나가고
자기보다 큰 신발 신고 나와
손 흔들어 주는 아이

차창 밖 전경
내 마음 그대로 자리 잡고
언덕배기 내려오면
솜사탕 들고 가는 나는
내 안에서 어릴 적 나를 찾는다

젖은 벚꽃

내 몸 흠뻑 젖은
벚꽃나무 가지 끝
피어나는 운치
꽃잎은 바닥 달라붙어
한층 더 봄을 각인시킨다

하루 종일 내리는 빗줄기
먼발치 벚꽃 군락지
나에게 다가온다

카페라테 한 잔의 여유
꽃잎에 담아
이 날 만큼은 쉬어가는
일상이고 싶다

젖은 번꼰 (사투리 버전)

내 몸 호빡 젖은
번꼰낭구 꼬재이 끄트머리
피어나는 운치
꼰 이파리는 바닥 달라붙어
한층 더 봄을 각인 시키뿐다

하리 종일 내루는 빗줄기
먼발치 번꼰 군락지
나에게 다가 온다꼬

카페라떼 하 잔의 여유
꼰 이파리에 담아뿌가
이 날 맨코로 씨어가는
일상이고 싶다

고행

한 걸음씩 천천히 다가오는 어머니의 발걸음
힘들면 쉬었다 오세요,
아니면 사위 등에 업혀 오시던지요

"괜찮습니다. 지팡이 짚고 혼자 살살 가면 됩니다."

이내 잠시 멈춰 서고
저 만치서 걸어오시는 찬 숨소리
오래 사셨으면 하는 바람이
내 콧잔등을 뜨겁게 달구면
어느새 묘 앞 온 가족 한 데 모였다

인부들의 힘찬 손놀림
유골함 파묻고
한 사람씩 삽질로 흙 뿌리면
뒤돌아서서 묵념한다

손 붙잡고 서로를 위로해 주면
떠나가는 발걸음 뒤로
거센 바람은 그리움을 안고 간다

복지관 하나

너는 그렇게 가는구나
사람들의 마음속 피어나는 들꽃처럼
기억될 언저리 저기 기억의 저편에 서 있구나

그곳에 꽃 피었을 수많은 기억
어느 차디찬 봄날
스치고 지나가는 뿌연 먼지처럼

이제는 풀밭 된 공터에서
철조망 틈새로 스며드는 아지랑이
언제나 그 자리에 새롭게 돋아났고
이름 모를 잡초처럼
아무도 모르게 왈츠를 추고 있구나

목련은 피고

몽우리 핀 가지마다
촘촘히 매달려
연지 곤지 수줍음 자아낸다

휘둘러 감싸는 치맛자락
힘차게 내디디며
피어나는 꽃잎
즐거운 햇살의 오후다

예쁘게 피어서 질 때까지
그 순간을 잘 만들어 간다

미케 비치

집 밖에 나가면
바로 보이는
확 트인 시야

밀려드는 파도
움푹 패어
나의 발 간지럽히면
외로움 씻겨 나간다

모래성 깃발
시간을 쓸어 내며
위태로운 흔들림으로
게임을 시작하자고 한 이에게
거침없이 넘어지는 오후다

그네를 타며
부자연스러운 삶의 지탱
바람과 함께 내 몸 맡겨 본다

한 동네를 감싸는 파도 소리
유유자적을 꿈꾸며
굼벵이를 삶아 먹은 시간을 쫓아
배고픔을 달래는 나는
내일도 해변을 걷는다

밤이 깊어지면 새벽을 기다리며
파도는 내 마음속 잠든다

미끄덩미끄덩
생선의 발버둥
냅다 던져 넣는 상자 속
인생의 무게
바람 타고 포구에 닿으면

그 무게만큼이나
배를 타는 사람들의 애환 보따리
쌓여만 간다

2부

여름

한여름 밤의 꿈

드넓은 주차장 사이로
밤 바다 바람맞으며 거닐면
정면으로 보이는 크루즈선 한 척
내 눈앞을 사로잡는다

굴뚝의 희뿌연 연기
거침 없이 피어오르고
바다 한가운데 서서
칵테일 한 잔 마시고자 한다면
어느새 내 옆의 멋진 남자와 건배하고
지친 일상으로 객실의 숙면 취한다

누군가 내 발등 밟으면
앞서가던 씽씽이 두 대
활기찬 야광 불빛 절로 새어 나오고
언니 동생 서로 부딪히며
달리기 시작한다

되돌아가는 길
다시 뒤돌아보면
떠나려 하는 움직임으로 치우쳐 있고
완전히 돌아선 모습 확인하면서
유유히 손 흔들어 준다

수국이 피면

수미단 끝으로 피어나는
은은한 향내
대웅전을 데우면
음지를 메우는 수국
나의 눈에 앉았다

순수의 빛깔로 일어서서
진심을 일깨우며
다짐하는 나의 버선발
바람은 발등을 간지럽혔다

수국이 만발하면
예측이 빗나갈 때도 있지만
굳은 의지로 다가서면
편안해지는 꽃길
복을 안고 왔다가는 성심誠心
목어의 흔들리는 몸짓이다

작은 도서관

어느 한적한 몽골의 도심 속
맨홀 뚜껑이 열린다

어두운 지하세계
어디선가 들려오는 엔진 소리
밖으로 나와 보는 한 아이
이동도서관 버스였다

재미난 그림책 골라 와서
따스한 햇살 등불이 되어주면
한 줌의 희망 안고
책 속으로 빠져든다

지나가던 동네 친구
너도 나도 다 같이 손끝으로
전해지는 책 한 권의 여유
알게 모르게 아이들 사이에 함박 웃음꽃 피었다

베란다에서

엘리베이터 문이 열리자
안녕하세요! 어서 오십시오
문이 닫힙니다. 올라갑니다.
안내원의 고운 음성 따라
운행하는 몸짓
나의 마음도 활짝 열어주었다

이사 오자마자 베란다를 꾸몄다
산더미처럼 쌓인 빨랫감
그곳에 맡기면
오후의 햇살 물밀듯 들어오고
애기들 웃음소리
가는 길이 없는데

엘리베이터 놀이로
지간은 그림자로 지워갔다

생선상자

생선상자는 아버지의 벽돌집이다
출하를 앞두고
단단하게 쌓아 올린 집

미끄덩미끄덩
생선의 발버둥
냅다 던져 넣는 상자 속
인생의 무게
바람 타고 포구에 닿으면

그 무게만큼이나
배를 타는 사람들의 애환 보따리
쌓여만 간다

만선의 꿈을 안고
출항하는 배
가족의 희망으로 다가서면
아버지의 등 뒤
쌓여만 가는 생선상자
저녁은 그대의 수평선이 되고
그렇게 벽돌집은 하루를 보낸다

거미

어버이날
가족의 그림자 우뚝 솟아
마른 포, 떡, 오렌지, 과자, 술
차려진 묘墓 앞을 지키며
따뜻한 햇살 타들어 가는 오후다

일렬종대로 서서
아버지의 이름으로 배례 드리며
카네이션 꽃바구니는 우리를 보며 웃는다

음복하는 맛있는 시간 뒤로 들리는 음성
"엄마 옷에 거미 있어!"
"장인어른 오셨는갑다"
"아버지?"

등을 간지럽히며
딸아이를 반갑게 맞아 주시며 좋아하신다

귀가하는 가벼운 발걸음
하루가 잘 지나가는 것처럼 편안한 마음
언제나 그리움의 향기 품으며
당신을 기억하겠습니다

아스팔트

뜨거운 햇살
살갗 타들어가지 않게 하려고
완전무장한 모습

눈앞을 가리는 별들
주저앉아 버려도 다시 일어서서
긴 쇠파이프 옮기는 노동

가장家長의 무게만큼
뇌리를 꾹꾹 눌러 밟고 있는
인생의 잔재殘滓

마스크를 끼면
다시 두통이 반복되어 진다

카네이션

새벽녘
어김없이 피어나는
고된 삶
꽃 한 송이 품으면
오래도록 자리매김한다

나무젓가락처럼 말라붙은 다리
욱신욱신 거리며
시들어 가는 순간
행복한 미소 자식들 채워주면
선명한 붉은빛
처음처럼 피어 있다

언젠가 카네이션이 그리워질 때쯤
나에게 온 꽃 한 송이
뺨을 타고 흘러내리는 사랑
젖은 내 마음 행복의 미소로 다가온다

제빙기

달그락 달그락
더위가 내려간다

정수기 옆에 꼭 붙어
일정한 양만큼
부지런히 내려간다

멈추지 않자
거실 바닥 전체를 채우려 한다
물바다가 된 이후
왔다 갔다 반복하며
뛰어노는 철부지 어린아이처럼
시원한 것만 찾는 현대인이다

그대들이여!
꿈에서 깨어나라고

어머니의 옥수수

쉼 없이 내리는 빗줄기
발톱을 세우고
알알이 박힌 세월

덩그러니 심만 남아
불러도 대답 없는
하모니카 연주

혼잣말로 속삭이는 옛 노래
소나기처럼 지나간다

지근지근 씹어 넘기는
유난히도 더운 여름
너만 한 것 없었다

숨바꼭질

차창 밖
떠오른 너의 모습
완연하다

구름을 머금고
오후를 집어삼키고
산으로 묻혀
나무에 묻혀
설레발을 친다

너의 앞에 서면
거대한 용광로처럼
뜨거운 몸뚱어리
잡힐 듯 잡히지 않고

수평선 너머
구름을 품은 채
다시 그 자리로 사라진다고

촛불이 되어

심지가 타들어 가고
쉼 없이 흔들리는 조용한 외침
양초 외벽을 갉아먹는다

목덜미로 넘어가는 콧물
따갑게 조여드는 답답한 일상
찬물만 들이킨다

마스크의 위엄
지친 몸 달래주는 침상
기침만 하려고 하고
밥만 먹다 볼일 다 볼 듯
꾸역꾸역 자근자근
하루가 지나간다

이제는 드러누워버린 심지
더 이상 불을 밝힐 수 없다
애써 털실로 만들어 놓았지만
쓸쓸히 아무런 미동도 없는 그대에게
따뜻한 한 줌의 빛이 되어
빈자리 채워 나간다

촛불이 대어서 (사투리 버전)

심지가 타들어 가고
쉼 없이 흔들리는 조용한 외침
양초 외벽을 갉아 먹는다

목덜미로 넘어가는 콧물
따갑게 조우는 답답한 일상
찬물만 들이킨다

마스크의 위엄
지친 몸 달래주는 침상
지침만 할라카고
밥만 맥다 볼일 다 빠일 듯
꾸역꾸역 자근자근
하로가 지나간다

인자는 드러누워버린 심지
더 이상 불을 밝힐 수 없다
애써 털구실로 맨들어 놓았지만
설설히 아무런 미동도 없는 그대에게
뜨신 한 줌의 빛이 대어
빈자리때기 채워 나간다

작은 속삭임으로 다가와
지난날의 행보 기억나게 하고
추억은 그런 나를 쫓아다니며
지친 마음 보듬어준다

3부

가을

코스모스

해변가 만발하게 핀 코스모스
파도타기 하듯 전해지는 순정
가녀린 처녀의 모습한 채
한들한들 바람에 나부낀다

넓은 대지의 우주 세계
가슴팍 숨겨 두었던 은장도
작은 속삭임으로 다가와
지난날의 행보 기억나게 하고
추억은 그런 나를 쫓아다니며
지친 마음 보듬어준다
내면을 파고드는 부정의 소리
여념 없이 베고 베이면
잠재된 굳은 의지 뿜어져 나온다

잘 가꾸어진 꽃밭
안으로 들어와 있는 나는
서로 도와가며
거센 모진 비바람과 해풍 맞아가며
나의 존재 부각 시킨다

언제나 그 자리에서
반복된 일상을 살아도
나는 할 수 있다는 희망의 끈 놓지 않고
하루를 살면 행복했었다고

10월의 향기

뮬리 군락지
솜이불처럼 따스한 햇살로 걸으면
강물에 비친 그림자
한때의 오후 기다리며
지나가는 사람 반긴다

꽃밭에서
어깨동무한 가족
나이 상관없이
장난기 어린 천진난만한 포즈
행복한 가장의 모습
서로 웃음꽃 피어난다

양쪽 나있는 코스모스 길
살랑살랑 흔들리는 가을바람
꽃길만 걸었으면 하는 마음
북새통을 이룬다

정자에 앉아 부둥켜안고
10월의 향기 품은 젊은 부부
사랑은 그렇게 익어간다

고구마 밭에서

밭고랑의 호미질
세발괭이질 사이로
제 모습 드러내 보이는 고구마
목장갑 낀 투박한 손놀림
어른 아이 할 것 없이
지칠 줄 모른다

유독 혼자 드러눕는 딸아이
더러워진 옷 아랑곳하지 않고
잠을 청한다

땅 위 펼쳐놓은
각기 다른 모양의 것
어느새 다 캐어지고

흙투성이 그냥 털썩 주저앉아
노란 속살 녹아드는 햇살 아래
먹어지는 삶은 호박고구마와 밤
속닥속닥 담소 나누며
그렇게 가을은 무르익어 간다

노고단의 가을

자동차 차창 너머 보이는
붉게 물든 단풍
달리는 도로를 향해 올라오는
부처손 향내
그대의 콧잔등을 적신다

지천에 널린 겨우살이
차가운 바람 안고
가을을 더욱 눈물 나게 한다면

끝 간 데 없는 산행 길
누가 말하지 않아도
걷고 싶은 마음

쉬지 않고 걸으면
얼어붙은 손
세상살이 버거웠다 말한다

내려오는 발걸음
행복한 순간 기억나게 하고
늦가을은 그렇게 그대 옆을 지나간다

돼지고기 구이

탄광촌
집집마다 연탄재 놓여 있는
골목 구석

외벽 그슬린 잿빛 건물 사이로
그림자 드리우면
아낙네들의 군불

지글거리는 돼지고기 냄새
온 동네 퍼져 광부의 허기진 일상
채워주는 하루다

단풍잎 곱게 물든 오후
돼지고기 집어먹는 시커먼 손
코에 문지르고
세상인심 행복한 냄새로 데워진다

청춘횟집에서

가을 전어 한 물오르면
서로 잔 부딪히며
안드로메다 행 열차에 오른다
육십 대 대머리 노총각 선생님
모자를 벗어 머리 쓰다듬으며
이상형은 언제나 메텔이고
나의 글발을 심어준 사람이었다고

때로는 글이 잘 써지지 않을 때
취기에 젖으면 발상의 전환이 된다며
자신에게 위안을 삼는다

한 점 집어먹으면
동기들의 웃음소리 정겹고
서로의 마음 이야기하며
다시, 술잔을 맞대며 외친다

"청춘은 바로 지금"

*메텔 : 은하철도 999 만화에 나오는 여주인공.

가을 산행

동백꽃 필 무렵
산으로 가는 길
이끼 낀 담벼락
새겨진 낙서의 흔적
해일처럼 밀려드는 바람 소리
하나씩 지워 나간다

옷 벗은 나뭇가지 사이로
곳곳에 핀 야생화
돌멩이 뒤덮은 낙엽 뭉치
미끄러져 내려오는 한 여자 행인
내 옆에서 주저앉는다

아저씨 등산객 호주머니 속
흘러나오는 라디오 소리
역력이 나의 힘든 발걸음 부추기며
일상이 되어버린 그의 산행
늠름하게 지나가 버린다

쉼 없이 이어진 계단
갈대숲 사이로 걸으면
억새풀 나의 허리를 감싸안는다

집에서 타온 커피로 목을 축이며
잠시 쉬는 동안
바람은 나를 가만 놔두지 않는다

되돌아오는 길목 문화공원로
귓가의 울려 퍼지는 색소폰 선율
지친 삶의 여정 북돋아 주는
어느 오후의 가을 햇살이다

단풍 물들어 가는

바스락거리며
나이 들어가는 계절
흰머리 가르마 세고
옷고름 여미는
힘줄 드러난 두꺼운 손

입맛도 없고
하던 일은 쉼 없이 하는
삶의 원동력

그 자리
떠날 수 없는 내 고향 언저리
단풍 곱게 물들어 가는
참 좋은 시절
당신과 나 함께하는 새벽
그렇게 또 가을은 깊어만 간다

홍시

한 입 먹으면
쏙 빨려 들어오는
달짝지근한 그 맛

빨간 잇몸 드러내며
오물오물
쉼 없이 드시는 외할머니

살얼음 가득 찬 주홍빛 인생
그리움 안고 지내온 세월

전자레인지 돌아가는 소리
오늘도 어김없이 냉동실 문을 연다

누가 말하지 않아도
알아서 꺼내 먹는 막내둥이
생각보다 맛있다고 한다

어느 날
내 눈에 들어온 반 건시
지금껏 먹어본 것 중
내 입에 안성맞춤이다

대목

붉게 익어가는 대추의 한낮처럼
북적거리는 사람
상인의 분주한 손길이다

수북이 쌓아 올린 나물 가지
기본 3천 원부터라고
아주머니의 인심 눌러 담는다

방앗간 근처 참새의 종종걸음
구수한 떡 냄새 피어나면
너도 나도 줄지어서 사 간다

손주만 한 배 한 개 5천 원
수박 한 덩어리 2만 7천 원
시금치 한 단 6천 5백 원
서로 눈치만 보다 밀고 당기는 셈하기

장바구니 내려놓고
안방 선풍기 바람에 나를 맡기면
여전히 뜨거운 추석 나를 찾아온다

보름달

과일, 송편, 전, 나물, 생선
한 상 차려지면
촛불 타들어가는 은은한 향내
온 집안 퍼지며 삶의 계절 익어간다

저마다 잘 살고 싶은 마음
한가득 담아 하늘을 보면
오늘은 유난히 둥글게 떴습니다

그것이 지나간 자리
망가져 나뒹구는 살림살이
치우는데 여념 없고
또 누군가는
달빛 아래 눈물만 흘리며
고인을 맞이하는 쓸쓸함으로 섰다

아무 말 없이 지켜보고
그들을 품어주며
환한 빛으로 삶의 언저리에서 미소 짓는다

뜨거운 추석

선풍기 바람맞으며
장 봐온 것 정리하고
즉석 국으로 위안 삼는
생일날 점심이다

무슨 맛인지 모르고
다시 찾는 대목 나절 재래시장
마스크의 위엄
햇대추와 맞닥뜨린 한 사람
더운 기색 감출 줄 모른다

바삭바삭 끓어오르는 튀김 가마의 열기
튀겨지는 가지 수만큼
연거푸 시원한 물만 들이킨다

밥솥 뚜껑 열면 피어오르는 연기
표면 위 사이사이 구멍 난 흔적
꾹꾹 눌러 담은 산소 같은 밥
조상님, 삼베 적삼 버선발로 왔다 가신다

모처럼 친척 집 향하는 발걸음
지친 눈꺼풀 되어
나도 모르게 방 한구석 잠을 청하고 말았다

억새풀밭

한 방향, 한곳만 바라보며
고개 숙이고
예정 없이 불어오는 바람
낯선 이방인 되어 따라가 본다

여기가 어디인지 모르고
적응해가는 모습 뒤로
익어가는 들녘의 깊이만큼
나의 간담肝膽은 커져만 간다

작은 속삭임으로 다가와
지난날의 행보 기억나게 하고
추억은 그런 나를 쫓아다니며
지친 마음 보듬어준다

바람은 억새를 등에 업고
가을은 그렇게 깊어간다

억새야, 이젠 안녕!

환경미화원

추적추적
노란 비옷 타고 흐르는 빗방울
이파리 달라붙은 바닥
빗자루질 되어지면
희뿌연 새벽안개 따라
빗속 스며들었다

넓은 도로가 즐비한 플라타너스 나무
그 길 걸으며 행복했던 나날들
치워지는 이파리 따라 추억은 희미해져 간다

길모퉁이 앉아서
담배 연기 연거푸 피어오르면
쓰레기 더미 속 찌든 냄새처럼
묻어나는 인생이다

밤늦게 내다 버린 쓰레기
"아지매, 좀 빨리 내 놓으소?
안 그러면 이제부터는 안 가져갑니다."

초저녁부터 시작된 그의 잔소리
혼잣말 계속 되어 진다

환경미화원 (사투리 버전)

추작추작
노란방아기잇 타고 흐르는 빗빵울
이파리 달라부튼 빠닥
비짜리질 되어뿌먼
희뿌연 새북우내 따라
빗속 스며들었다

넓은 다부까 즐비한 플라타너스 낭구
그 질 걸으며 행복했던 나날들
이파리 따라 추억은 희미해져 간다

질모티 앉아서
담배 내 연거푸 피어오르면
씨레기 더미 속 찌든 내애미처럼
묻어나는 인생이다

밤너가이 내다배리는 씨레기
"아지매, 좀 퍼뜩 내 놓으소?
"안 그라믄 인자부터는 안가져가뿝니데이."

초저녁부터 시작된 그의 잔소리
호문차 하는 말 계속 되어지뿐다

둥둥 떠오르는 하얀 속살
얼굴 내밀고
끓는 점 통과하면
한 해의 기다림으로 다가선 사람들
하나같이 새알 많이 달라고 한다

4부

겨울

동지팥죽

동동瞳瞳
햇살은 기지개를 켜고
동짓날을 맞이하면
새해의 맑은 기운
붉은빛으로 섰다

둥둥 떠오르는 하얀 속살
얼굴 내밀고
끓는 점 통과하면
한 해의 기다림으로 다가선 사람들
하나같이 새알 많이 달라고 한다

한 살 더 먹고
별 탈 없이 잘 지냈으면 하는 바람
항시 무병장수하고
부모님 안부 전할 수 있는 순간
한 번씩 찾아뵙고
오로지 그것 하나면 충분하다고
마음 다잡아 본다

내가 꿈꾸는 것도 좋지만
가족들 잘 사는 모습 보고 싶고
펄펄 끓어오르는 열기처럼
부지런한 사람이고 싶다

*동동(曈曈) : 햇살이 빛나는 모양.

눈사람

늘 그 자리에서
냉철한 자세로
우두커니
할 말이 많지만
내 마음 같지 않다

아이들 찾아와
신나게 재잘거리는 입김
사람 모습 되어 진다

그들의 온기로 다가오면
녹아 없어져
누군가의 그리움으로
하얀 옷 갈아입는다

눈은 그칠 줄 모르고

여명의 눈동자

새벽을 감지하는 눈물
가슴이 짠해지고
여명이 밝아오면
아버지의 그리움 사무친다

바닷가 수면 위
예정 없는 낮은 날갯짓
오리 날아오르면
한 해를 품는 사람들의 인기척
해돋이를 기다리는 마음 간절해진다

내 눈 안
붉게 타오르는 그들의 꿈과 소망
여명의 빛으로 물들이고
새해의 밝은 기운으로
하루하루를 보내겠다고

나는 눈꽃처럼 살겠다

앙상한 가지 끝 매달린 눈송이
올망졸망 피어나고
산 정상 바라보이는 구름
온 사방이 하얀 마음이다

지그시 눈 감으면
한 아름 내 품에 드리우는
지난날의 결정체를 기억하며
따뜻한 눈물 콧잔등 적시면
어느새 녹아드는 자신감
하염없이 나를 보듬어준다

하나 둘 저벅거리는 사람의 발걸음
저마다 속사정 다르듯
모여진 각기 다른 결정체
어느덧 미술작품 되어졌다

내 귓전을 스치는 차가운 바람
오늘도 전시회 보러 가는 즐거운 마음
나는 눈꽃처럼 하루를 살겠다

시래기 된장국

베란다에 매달린 옷걸이
젖은 빨래 걸고 나면
남는 몇 가지
무청 걸어 널어 놓았다

푸석푸석
잘 말려진 것 한 움큼
조물조물 된장 버무려진 시래기
육수 물 우려내면
따뜻한 밥 위 얹어
추운 겨울의 일상을 비벼준다

동치미 국물
환상의 콤비네이션이고
간장게장
백 년 사위 친정 도둑이라고
아무리 우겨도
겨울 나그네 뺨 후려치는
계절의 도둑은 시래기 된장국이다

김국

낙동강 하구
바람을 타는 세월의 맛
그 자체로 아쉬웠던 하루

바다로 나가면
집에 남아 있는 아이들
무엇으로도 채워주지 못했던
미안한 마음

파도 소리 끌어안고
그물 한가득 걷어진 물김
침체된 마음 걷잡을 수 없이
해석에 부딪혀 밀려간다

누군가 끓여 준
따뜻한 김국 한 그릇
나를 보듬어 주었다

외할머니의 솜마고자

외투
허리끈
복주머니
몸빼
긴 티셔츠
내복 한 벌
반팔 티셔츠
속바지
러닝셔츠
속옷

내 한 몸
흰 가르마 넘어가는
무거운 골짜기
인생의 계절 바람처럼 불어온다

해돋이

아무런 미동도 없이
자연 그대로의 모습하면서
한 해의 기다림으로 다가선 사람들에게
희망의 문 열어준다

가족 건강과 만사형통
새해의 다짐 빌고
잘 살고 싶은 만큼 고요한 바다

"어르신, 저 총각입니다."

갑판장의 수줍은 음성 뒤로
올라오는 전복, 매생이, 가리비
산해진미 한 상 차려지면
친정 같은 이곳에 한 평생 살겠다 하고
분주한 바다 냄새 지나가면
섬들은 검은 그림자처럼 우뚝 솟아 있다

겨울에 만난 할머니

하얀 머리카락 만발한 뽀얀 볼살
눈물 글썽이며 다정하게 손잡아주시는
다정다감한 할머니시다

"왔나!"

병상의 따뜻한 이불 속
눈이 흩날리는 창밖
하염없이 바라만 보신다

어느새 털색 조끼 주머니 안
사탕 꺼내 주신다

지난날의 행보 들추어내며
난 열심히 살았노라고 울부짖는다
넌 기필코 잘 살아야 한다고

그렇게 쌓인 눈송이는 밤새도록 그칠 줄 모르고
다음 날 아침 삽질하는 간호사의 어깨너머
깃털처럼 날아드는 홀씨 하나
내 손 안 들어온다

침대 위 놓인 편지 한 장과 화분 하나

"사랑한다, 잘 살아야 한다, 이 할미는 행복했었다고!"

산불조심

송전탑 스치고 지나가는 바람
변압기 가만있지 못하고
작은 불씨 되어졌다

거센 바람 타고 번지는 속도
산길을 거슬러 올라 그때의 기억
참담하다

너 나 할 것 없이 물 양동이 나르고
앞집 옆집 도와주는 손길
불구경만 하고 험담만 하는 집구석
덩달아 형체도 없이 불타버린다

시커먼 재만 남아 쉼 없이 빗자루질하면
또 언제 그랬냐는 듯
시간은 봄이 되어 찾아오고
건조한 우리네 일상 먼지 되어
산불 조심 강조 기간을 가슴팍 달고 산다고

빨랫비누

저벅저벅
문질러 대는 거품 속
설산을 걷는다

하얗게 뒤덮인 세상
구정물 되어 지면
뽀얗게 씻겨 나가는 양말
숨 차오르는 발끝에서
눈사람을 만난다

언제나 그 자리 서 있는
순수한 인형처럼
사람이 찾아오는 시간에 맞춰
빨래를 한다

달집놀이

희나리처럼 피어나는
불씨
한 해를 데워주는 행복
서로를 응시하며
정월대보름 맞이한다

청룡의 기운
하늘 높이 치솟아
소원성취
만사형통
모든 것 활개를 친다

보름달
내 인생의 스포트라이트
되어주면
이웃의 웃음꽃 만발한다고

어느 2월의 울림

창밖으로 들려오는 울림
어디서부터 시작되었는지는 알 수 없지만
점점 가까워지고
제 모습을 드러내 보이는 풍물패

음양이기陰陽二氣의 기운 돌리며
고깔의 흰 끈 신명 나게 원을 그리는 오후다

집집마다 붙여진 입춘대길의 글귀
봄은 이미 와 있고
흥겨운 그들의 버선발
묵직하고 경쾌한 순간
우리의 지친 일상 훨훨 날려 보낸다

해마다 찾아오는 울림의 흔적
나도 모르게 창문을 열어 본다

꽃다발

정든 교실
햇살 드리우면
왁자지껄
밤송이 자라난다

그림자 따라 맴도는
시간을 반추하면
행복했던 나날
한 아름 움켜쥔다

복도를 지나고
한 해 남은 재학생들의 환호성
계단은 수줍게
부모들의 발자국 따라간다

그래, 수고했어!

때로는
모든 것 내려놓고 싶었을 때
일정한 곳 세워져
안심을 찾는 날 위로해주었다

5부

인생

육개장 사발면

따뜻한 구들장 아랫목
내 몸 맡기면
분만실에서 갓 태어난 아기
산모 품에 젖 물려줄 때처럼
행복해진다

이제는 냄비에 물 올리고
사발면 내용물 넣는다

입맛도 없고
미망인 되어 뜬구름 잡는 외로움
자식들이 채워 주면
나뭇가지 걸터앉은 새 한 마리
수술한 다리 나무젓가락처럼
말라붙어 라면이 다 되기만을 기다린다고

손녀가 끓여 온 라면 한 그릇
후루룩 후루룩
만 80세의 인생사 잘 타고 넘어간다

식은 커피

예열을 기다리는 동안
놓쳐버린 버스

한발 내디디면
인사말 해주는 교통카드 음성
각자의 신발과 옷차림
한 김 지나가는 인연처럼
커피는 식어간다

아침에 걸어왔다고 말해주는 수업 짝꿍
일찍 서두르게 되었다고
어느새 서로의 친숙함으로
좋은 만남 가지고
식은 커피 한 모금씩
시간의 조각을 맛있게 채워 주는
행복한 하루 지나간다

느린 우체통

먹이를 씹지 않고 꿀꺽 삼키면
반 년 동안 잠을 자는데
그동안 뱃속의 동물이 소화되는 것
그 그림은 모자가 아닌데라는 글귀

나도 한 번 편지를 써 보낸다
나 자신에게서 부족한 부분에 대해
그리고 그 편지가 전해질 때쯤
얼마나 문제점들이 개선되었는지
궁금하기도 하다

장미꽃이 그리워질 무렵
나는 다시
내 삶에 의미를 부여한다면
부대끼며 행복을 찾는 일상 속
하루를 보내고 싶다고
어린 왕자에게 편지를 보낸다

주전자

엄지손가락 넣어지는
탁주 한 사발
나의 인생 묻어나고
시원한 일상으로 하루를 삼키려 한다

주전자를 기울이면
따뜻한 국물 흘러나오고
어묵, 떡꼬치 담기는 오후다

김치전 찢어 먹으면
차마 말할 수 없었던 이야기
절로 해지고
술잔을 맞대면 서로 오고 가는 눈빛
마음 한 곳 편안해진다

햇살의 기울기만큼 식어가는 빛깔로
다시 가스버너를 켜고
빈 잔을 채워 나간다

겨울은 그렇게 내 발 앞에 와 있고
우정은 점점 뜨겁게 달궈진다

머리카락

매일 찾아드는 먼지 사이로
지나간 사람들의 흔적만큼
뒤엉켜버린 삶의 실타래

따뜻한 흰쌀밥 위
스팸 한 조각 얹어 먹다가도
어디서 그렇게 날아드는지
알 수 없다

이런 불편함이 나이가 들수록
아무렇지 않게 지나가고
사라지는 것에 대하여
마음을 놓을 때가 있다

버스킹(busking)

허허벌판의 한 가운데
눈에 띄는 군중 하나 없고
한때의 오후를 옮기는 개미 군상

리듬은 물방울 되어 제방 무너뜨리고
그만큼 책 속에 길 없다고 하지만
음악 속에는 음악이 살아 있어
그 공간 따라가다 보면
길가 오고 가는 사람들의 귓전 맴도는
멜로디 각인 되어 진다

짝 맞추기

뒤 돌아 서면
한 짝이 없다

고무장갑이든
양말이든

모자라지 않게
충족시켜 놓아도
어느새 한 짝뿐이다

왜 그럴까?

고양이 세 마리

어느 순간 내게로 다가와
식빵 굽는 자세로
내 품 안기는 삼색이

헐레벌떡 뛰쳐나와
쥐 쫓아가다 교통사고 난
턱시도

침대 머리맡 얌전히 있는
치즈 냥이

바라만 보아도 예쁜데
아쉬울 때도 있다
내가 품은 자식처럼

어머니의 라면

자식농사 다 지어놓고
한평생 차마 버리지 못하는
세 살 버릇 여든까지 간다고
무던히 일만 하셨던 어머니

"냄비에 물 올려봐라."

다른 거 필요 없다 하시고
육개장 컵라면 하나면 된다고
마음을 굳히시고
남은 인생 라면 국물에 말아 드시고
가자미 구이 싫다고 하셨다

가장 가까이 있는 딸아이에게
서운한 마음 잘 드러내고
오늘은 국물이 많다 하시면서
냄비 올려진 쟁반 밀어내신다

그녀 곁에 자주 있을 수 있어 좋고
나는 오늘도 가게에 가면
이 세상에서 가장 맛있는 라면
끓여 드리고 싶다

"그녀와 함께라면" 이란 말처럼

숫돌

무딘 일상
습관의 무게만큼
손끝으로 전해지는
칼날은 살아있다

고집불통
확성기 소리
아랑곳하지 않는다

뚝심 하나로
모든 것 썰어내고
분통 터진다는
같이 일하는 아줌마의 언성
하루가 시끄럽다

나의 근성
아무도 알아주지 않아도
굳은 의지
숫돌에 기대지 않은 채
매서운 칼날로 섰다

지팡이

내 몸뚱어리 지탱하는
곧은 삶 기대하며
굳은 의지로 섰다

어느 순간 나도 모르게
넘어지고 일어서는 하루

목표지점을 향해
나아가는 원동력
삶의 원천 되어주었고

때로는
모든 것 내려놓고 싶었을 때
일정한 곳 세워져
안심을 찾는 날 위로해 주었다

안개꽃에 대하여

염습의 마지막 이별 장면
아무런 미동도 없는 그대
관으로 서서히 내려지는
따뜻한 통곡소리
가족의 그림자 되어졌다

아무리 잡으려 해도 잡을 수 없는
하얀 꽃망울 피어나면
꽃을 사러 갈 때마다 눈물이 난다

오아시스의 갖가지 봄꽃
한 바구니 만들어지면
꽃 사이사이 꽂아지는 안개꽃
어머니의 팔순 반겨주었다

사랑하는 순간만큼
행복해하시는 모습 보면서
오래오래 사셨으면 하는 바람이
나를 더욱 눈물 나게 한다

파도 소리

구름 속 얼굴 감춘 붉은빛
한 해의 기다림으로 다가선 사람들
눈부신 희망 덩그러니 자리 잡았다

너는 어디에 있는지
포말의 일렁임만 보일뿐
더욱 내 옆에 와있는 파도 소리

100℃의 펄펄 끓는 라면 국물
막걸리 한 잔으로 위로받던 지난날
독초의 씁쓸한 퍼짐으로 죽어가는
차가운 수술실 한 편에
묵묵히 지켜보는 의사의 손길

한순간 젖어버린 삶의 무게
가기 싫다고 움직이지 않는 관
삶의 의지 제로였던 네가 마지막 버티기

점점 가까워지는 파도 소리

너의 이름을 부르면
왠지 모르게 다가오는 너의 숨소리

뼛속 사무친 그리움
눈물로 자아내고
한 편의 파노라마
기억 속 묻어둔다

6부

희생

분홍 자리

무거운 발걸음
기대어 쉬어 가면
안도의 한숨
두 배 되어
편안한 하루다

분홍 자리
남녀노소 할 것 없이
남들의 시선 아랑곳하지 않고
앉기 바쁘다

서로 마음 나눠서
양보의 실천 의식
우리 모두
그녀를 위한 사랑
아낌없이 주는 나무처럼
비워두면
하루를 보람차게 살 수 있는
인생의 길 위에 앉았다

손수건 한 장

바늘 바구니 안 고이 모셔 둔
무궁화 수놓아진 얼룩진 손수건
한 번씩 꺼내어 본다

동생의 손길로 한 땀 한 땀
꽃잎 위 묻어진 핏자국
내 기억을 정체시킨다

어두컴컴한 작은 방
혼자 남겨진 채
시간이 그렇게 안 가는 줄 몰랐다

전쟁이 끝나고 나서야
정어리 떼처럼
무참히 버려졌다

세월은 그런 나를 보듬어 주고
손수건은 언제나 그 자리 있다

괭이갈매기의 꿈

창공을 가로지르는 비행
독도 주위를 에워싸는 몸짓
수천 마리 떼
그 누구의 부름도 아니다

그 숱한 거짓말 속
먹이를 먹기 위해 낮은 자세로
모여드는 독수리 무리처럼
역사 왜곡의 교과서
몇십 년 동안 그렇게 믿고 살았다

우리의 강토 지킴이 되어
더 높이 더 빠른 날갯짓
스스로 일깨우며
자유로운 일상을 반복한다

자식들과 떠나는 바다 여정
다시 올 것을 약속하고
무구한 역사 속으로 사라진다

독도는 무인도가 아니다

역사를 잊은 민족에게
미래는 없다는 말처럼
도일 항쟁의 정신 묻어나는
울릉도는 독도를 품에 안아준다

이 세상 그 누구도 다 아는 사실
그들만이 암초暗礁라 일컫는 섬

괭이갈매기 떼 수백 마리
독도 주위를 맴돌며
진종일 휘날리는 동도의 태극기
수비대의 위상 지칠 줄 모른다

무구한 역사 속
살아 숨 쉬는 아름다운 우리 땅!

그들의 망언이 암초에 지나지 않는다고

자산도의 아침

안개 자욱한 새벽
뱃일을 하는 어부들의 애환
도일을 위한 거침없는 항해
거센 풍랑을 맞으며
정박하는 안용복이다

아침이 밝아오고
멀리서 바라보이는 풍경

하늘과 바다의 푸른빛
서로를 응시하며 서 있는
바위의 어미와 아기 철새

독도 주위를 에워싸는 괭이갈매기 떼
모처럼 찾아드는 평온한 순간
수면 위를 맞닿는 낮은 날갯짓
희망을 품은 그의 강렬한 눈빛

다시 뱃머리를 돌리는 그대의 시선에서 보이는

아름다운 섬, 독도여!

독도의 가족

동도와 서도, 작은 섬들
울릉도와 이웃하며 사이좋게
흘러가는 구름 바라보며
푸른 물결 위 눕는다면

너를 향한 우리는
수없이 분쟁을 하고
그 속에서
만나지는 또한 많은 사람들
하나 되어 여태껏 굳은 의지로
보듬어주고 있다

한 발짝씩 내딛는 그들의 숨소리
차가운 바람 얼굴 맞으며
여기가 내 집이요라고 외쳐 본다고

아름다운 섬, 독도여!

흔적

산기슭
파고드는 한限 서림
흙빛으로 물든다

흩어진 유골의 잔여
고무신
옥비녀
가지런히 정렬된 치아

뼛속 사무친 그리움
눈물로 자아내고
한 편의 파노라마
기억 속 묻어둔다

사라지지 않는 아픔
6월의 풀빛으로 서다

촛불처럼

굳은 심지 타들어 가는
밝은 흔들림으로
하루를 지낸다

초록색 책상 사이
그들의 숨결 묻어나고
독립의 조용한 외침
어김없이 투쟁하는 몸짓
촛농처럼 한 곳 모여
웅덩이 만들고
애국선열의 고귀함으로
자리 잡았다

뜨거운 열정
거침없이 녹아내리는 의지
붙잡을 수 없이 굳어버렸다
아무리 긁어내어도
또 나오는 가루
죽는 그 날까지
빗자루 질은 계속 되어졌다

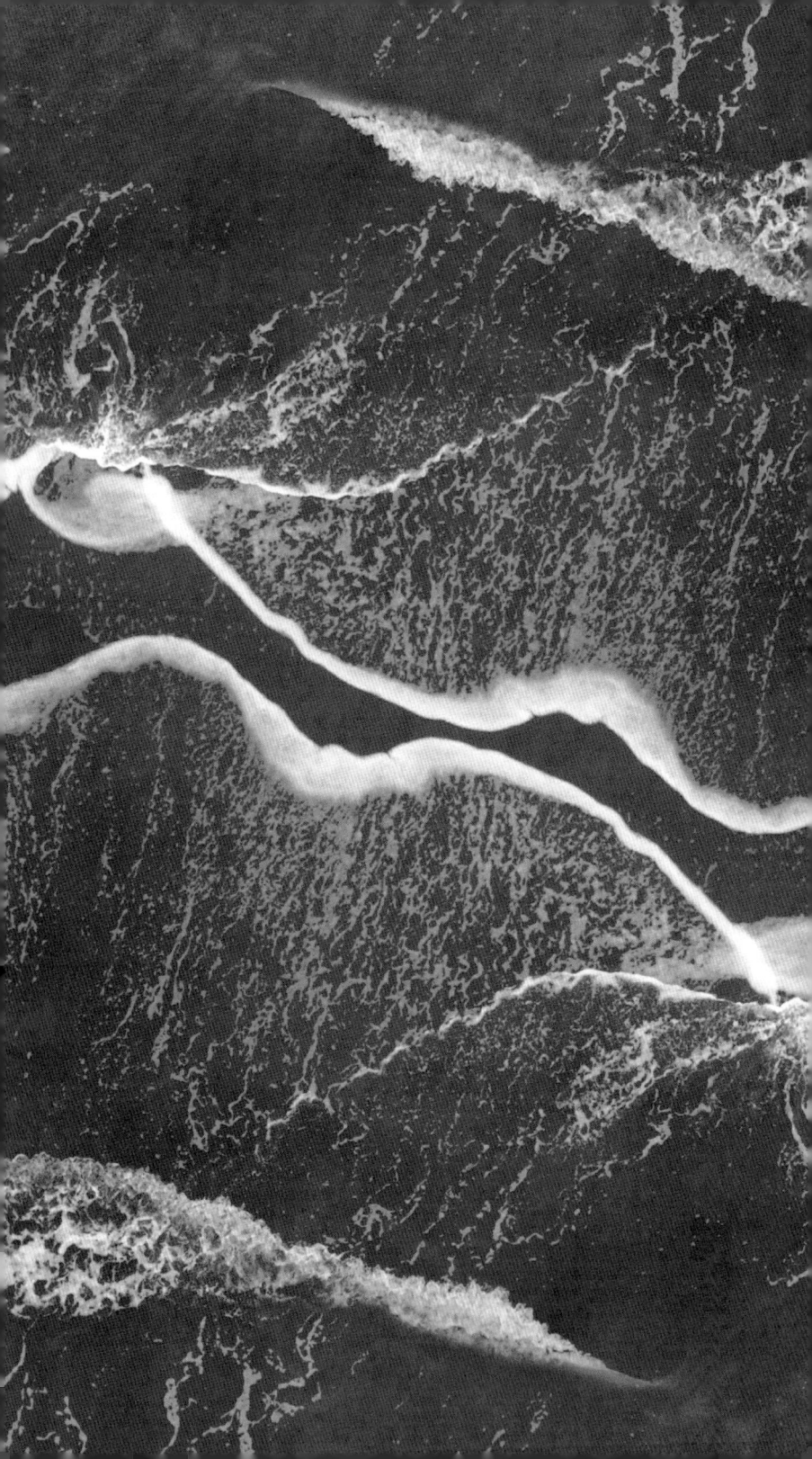

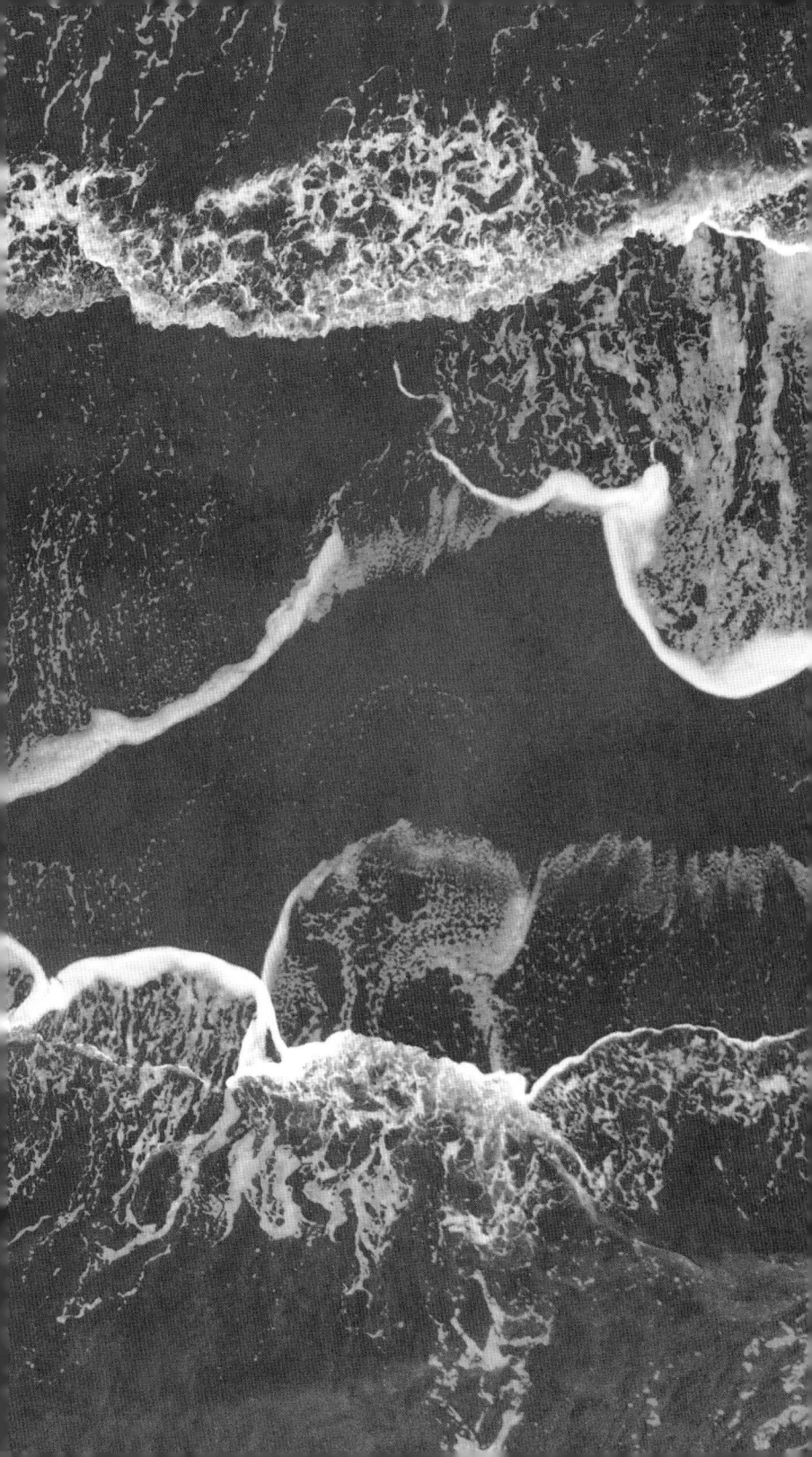

화엄동굴

광산의 흙과 돌
파고 또 파는 일상 속
그것이 징용이라 할지라도
굳건히 내 일을 찾아가면
반짝반짝 금빛 찬란한 흔적
고스란히 내 마음자리 잡는다

광부들의 지친 몸
막걸리로 위로를 삼고
쌓여 가는 먼지 삭혀 가며
구역별 작업장 한편에
떨어져 나간 응어리 묻혀 있다

깊숙이 젖어드는 수정체
그들의 모습처럼
그 모습 그대로 전해지는 아름다움
계단을 내려갈수록
더욱 빛깔이 선명해진다

어느 날 작업장에 찾아드는 빛
채취한 금덩어리 조각
뿌듯한 그들의 눈빛으로 다가온
광산의 오후다

부산 충혼탑에 대하여

역사의 계단을 오르면
근엄한 얼굴로
6.25 동란의 아픔
층층이 기억되어 진다면

나는 그 시절을 겪지 못했지만
하늘을 우러러보는
우뚝 솟은 호국영령들의 위상으로
지금 우리가 잘 살고 있음에 감사드린다

동심협력同心協力의 참전용사
빗발치는 총성
서로를 응시하며
통성명 나누는 그 순간부터
전우가 되어진다

벽면 빼곡히 새겨진 전사자의 이름 석 자
유가족의 가슴에 낙인 된 세월
뜨거운 눈물 되어
오늘따라 밖에 비가 많이 내렸다

누가 그대를 알아봐 줄 것인가 라기보다는
내가 먼저 마음으로 다가가야 한다

애국심 젖어드는 그들의 이름으로

동행

현충문 입구
근무 교대식이 끝나고
태극기와 유엔기 휘날리는
일요일 아침이다

싸이렌 울리고
하늘을 향한 그날의 총성 기억하며
묵묵히 생각에 잠긴다

살아계신 6.25 참전용사들의 애국가 제창
가슴만 먹먹해지는 순간이다

분향의 은은한 향내 피어오르면
카투사들의 이름 새겨진
워싱턴D.C 참전용사자비 세워진 지난날
함께했던 전우들 모습 떠오른다

애국의 원동력은 공동체의 믿음이라는
대통령의 선언 뒤로한 채
현충일의 노래 다같이 따라 부르며
순국선열, 호국영령에게 애도를 표한다

덧붙임

　이 시집은 사계절의 흐름을 따라 인간의 삶과 감정을 자연스럽게 녹여낸 여섯 개의 장으로 구성되어 있습니다. 각 부마다 계절의 이미지와 함께 가족, 일상, 기억, 사회적 아픔 등을 시로 풀어내어 독자에게 따뜻한 공감과 성찰의 여지를 전하고자 합니다.

　1부 '봄'은 생명이 움트는 계절 속에서 개인의 삶을 조망하였습니다. 봄이 가진 계절감을 한껏 전하면서도 그 속에서 펼쳐지는 다양한 삶의 찰나들을 다채롭게 피어나는 봄꽃들과 함께 표현하여 풍부한 감정을 전하고자 했습니다.

　2부 '여름'은 무더운 계절 속에서 불어오는 한 줄기 시원한 바람처럼, 삶의 고단함 속에서도 위안을 주는 순간들을 담고 있습니다. 여름의 뜨거움은 때로는 삶을 짓누르는 무게처럼 느껴지지만, 그 속에는 가족을 위한 인내와 살아가는 데 필요한 열정이 깃들어 있습니다. 그런 마음을 시를 통해 전하고 싶었습니다.

3부 '가을'은 가장 좋아하고 애틋하게 여기는 가을의 감상을 오롯이 담으려 했습니다. 예컨대 단풍에 빗대어 어머니의 세월을 표현하면서 계절이 주는 의미를 삶의 흐름과 맞닿게 하여 인생의 모습을 깊게 들여다보았습니다.

  4부 '겨울'은 겨울을 여는 절기인 동지를 시작으로, 새해의 소망과 따뜻한 마음을 품으며 일상을 살아가는 모습을 담아보았습니다. 겨울이 주는 포근함으로 위로를 받기를, 또 새로운 해를 준비할 수 있길 바랍니다.

  5부 '인생'은 보다 내밀한 시선으로 삶을 바라보는 장입니다. 식은 커피, 주전자, 라면, 지팡이 등 일상 속 소재를 통해 삶의 본질과 인간관계에 대한 성찰을 담아내며, 잔잔하면서고 깊은 감동과 울림을 전하고자 했습니다.

  마지막 6부 '희생'에서는 작가의 사회적 시선이 담겨 있습니다. 전쟁, 위안부, 독도 문제 등 역사적 주제를 시로 형상화하며, 문학을 통한 사회적 참여와 기억의 의미를 되새기고자 했습니다.

  이 시집은 일상의 소소한 순간에서부터 역사적 현실에 이르기까지 폭넓은 주제를 시로 포착하며, 자연과 삶, 그리고 사람 사이의 연결고리를 섬세하고 따뜻하게 풀어내고 있습니다. 독자 여러분께서도 각 계절마다 스며든 시편들을 통해 자신의 삶과 기억을 조용히 되돌아보는 시간을 가지시길 바랍니다.

시인 김진아

저서

2018년　《서른일곱 송이의 장미》
2020년　《봉숭아꽃 피어날 때》

경력

2017년　『한맥문학』 시 부문 등단
2023년　<시를짓고듣는사람들의모임> 편집장
2024년　가연문학회 <문학가연> 편집장

수상

2017년　독도 사랑 시 낭송대회 우수상 수상
　　　　　(부산문인협회 주관)
　　　　<시를짓고듣는사람들의모임> 우수회원상
2018년　부산광역시 시의회 감사장 표창
　　　　부산 사투리 시 낭송대회 우수상 수상
　　　　6월 호국보훈의 달 추념 시낭송대회 참방
　　　　독도사랑 시낭송대회 우수상
　　　　　(한국독도작가협회)
　　　　시 낭송대회 우수상
　　　　　(대한민국 도덕국민운동본부)

         제18회 독도문화예술제 전국대회
         - 시낭송 부문 최우수
           (경상북도의회)
2019년   <시를짓고듣는사람들의모임> 2월 시인상
         <시를짓고듣는사람들의모임> 감사 임명장
         제19회 독도문화예술제 전국대회
         - 시낭송 부문 금상
           (포항지방해양수산청장상)
         한국독도문학작가협회 표창장
           (독도사수연합회)
2020년   6월 호국보훈의 달 추념 시낭송대회 장원
           (부산지방보훈청장)
2021년   제21회 독도문화예술제 전국대회
         - 시낭송 부문 최우수
           (경상북도의회)
2023년   세계문화체육예술축제 독도사수대회
         - 특별공로상
           (울릉군수)

문화출판 더하다의
『시선의 시선』 시리즈는,

지역에서 묵묵히 시의 세계를
지켜온 시인들의 목소리에
귀 기울이는 프로젝트입니다.

『시선의 시선』은
시인의 시선이 머문 자리를 따라
독자의 시선도 머물 수 있기를
바랍니다.

한 권의 책이 한 명의 시인을
세상과 연결하는 창이 되기를,
그리고 독자들에게는
새로운 시적 감각을 마주하는
기회가 되기를 소망합니다.

대표 정윤미